Ute Matejka
Felix Plampuddel erzählt

Ute Matejka

Felix Plampuddel erzählt

Geschichten aus der Kinderwelt „Nisida"

Bibliografische Information der Deutschen Nationalbibliothek
Die Deutsche Nationalbibliothek verzeichnet diese Publikation in der
Deutschen Nationalbibliografie; detaillierte bibliografische Daten sind
im Internet über http://dnb.d-nb.de abrufbar

Illustrationen: Nina und Denise Georgiou
Titelbild: Ute Matejka
Dritte Auflage
Herstellung und Verlag: BoD - Books on Demand, Norderstedt

ISBN-13: 9783837065435

Inhalt

Zu Hause angekommen

Für mich ist heute ein ganz besonderer Tag. Ich bin dir begegnet und darf dir von mir und meinen Erlebnissen erzählen. Erst mal will ich dir erklären, wer ich bin und wer meine Freunde sind.

Bis vor drei Monaten habe ich in meiner Larve gelebt und habe mich dort entwickelt. Die Larve sieht ziemlich komisch aus und hat schreckliche Farben, aber ohne sie wäre ich nicht das geworden, was ich heute bin. Als ich noch in der Larve war, habe ich viele Dinge gehört und gefühlt, die ich mir nicht erklären konnte. Mach' doch mal die Augen zu und stell' dir vor, du bist in einer Larve eingeschlossen. Was hörst du?

Ich hörte z.B. dieses Singen mit verschiedenen Stimmen. Manche sangen immer gleich und andere sangen wechselnde, schöne Melodien. Was das wohl war?

Manchmal hörte das Singen ganz plötzlich auf und dann wurde es zu einem wilden Geschrei.

Da war noch etwas, das sich auf Samtpfoten anschlich. Alles hörte sich sehr weit oben an.
Kannst du erklären, was da passiert sein könnte?

Dann wurde es ganz warm in meiner Larve, als ob eine Heizung angeschaltet wurde und irgendwie wurde es heller. Danach wurde es wieder kühler und dunkler. Als es kühler wurde, konnte ich endlich einschlafen. Dazwischen war eine lange Zeit, aber der Rhythmus war immer der gleiche.
Fühlst du das auch und weißt du was das ist?

Als es wärmer wurde, kam etwas mit lauten Schritten vorbei. Alles fing an zu wackeln und zu dröhnen. Draußen hörte ich ein Geräusch, als ob Luft ganz schnell hin- und hergezogen wird. Ich hatte das Gefühl, dass ich mit der Luft fliege. Später habe ich erfahren, dass dieses riesig große Ding mein bester Freund werden sollte. Weißt du was das gewesen ist?

Ich wette, du hast schon alles erraten, was ich da so gehört und gefühlt habe. Wenn nicht, mach' doch mit deiner Familie ein Spiel im Garten.

Jeder bekommt einmal die Augen verbunden und soll dann alles erraten, was er hört und fühlt. Wenn du nichts siehst, dann fühlst und hörst Du viel, viel besser! Probier's mal, das macht echt Spaß!

Eines Tages war ich so neugierig auf all die Dinge, dass ich meine Larve aufbrach und heraus gekrochen bin. Das war schwere Arbeit und ich musste mich ganz schön anstrengen. Ich hörte wieder dieses Singen und sah einige Vögel über mir in den Bäumen sitzen. Die meisten sangen immer das Gleiche, aber da war noch ein kleiner, unscheinbarer Vogel, der die schönsten Melodien sang. Es war eine Nachtigall!

Plötzlich kam eine schöne rot-weiße Katze angeschlichen und kletterte in einen Baum. Die Vögel schrieen vor Schreck auf und flatterten alle davon. Dic Katze blieb auf einem Ast liegen und machte es sich richtig gemütlich.

Jetzt spürte ich die Wärme um mich herum und als ich aufsah, wanderte ein großer, gelber Ball am Himmel entlang. Die Sonne war aufgegangen und ein neuer Tag brach an.

Weil ich ja nicht viel wusste von dem Leben außerhalb der Larve, machte ich mich erst einmal ganz klein. Ich wartete und beobachtete gespannt das Leben um mich herum.

Da war es wieder! Das Wackeln und Dröhnen und dann kam dieses große, schwarze Ding mit zwei riesigen Höhlen auf mich zu. Aus den Höhlen kam Luft raus und wurde wieder eingesaugt. Ich musste mich an einem Blatt ganz doll festhalten. Es war wie ein großer Sturm. Endlich lief es wieder weg und ich konnte es in voller Größe sehen. Es war ein großer, grauer Hund, der mit seiner riesigen, schwarzen Nase den Boden abschnüffelte. Mit seinem Gewicht brachte er die Erde zum Beben.

Den ganzen Tag über beobachtete ich, was in meiner Umgebung so passierte. Am Nachmittag kam ein kleines Mädchen mit langen, blonden Zöpfen zu der Blume, auf der ich gerade saß. Sie hat mich entdeckt und noch andere Menschen gerufen. Alle haben gelacht und sich gefreut, mich zu sehen. Sie gaben mir sogar einen Namen:

FELIX PLAMPUDDEL

... und von diesem Zeitpunkt gehörte ich fest zur Familie. Es war ein sehr schönes Gefühl, eine Familie zu haben. Später schlief ich auf einer Rosenblüte ein, die zu einem wunderschönen Garten gehört. Es wurde kühler und dunkel und ich verstand, dass jetzt die Nacht anbrechen würde.

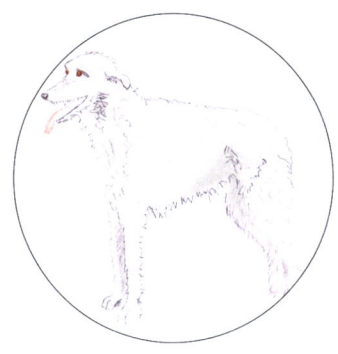

<u>Alex</u>

<u>Winny</u>

<u>Tigra</u>

Meine Familie

Lange brauchte ich nicht, um alle Familienmitglieder und Lebewesen in meiner Umgebung kennen zu lernen. Auch sie waren neugierig und haben mich besucht.

ALEX und WINNY, die großen Irischen Wolfshunde leben mit Sofia in einem Haus. Alex kommt jeden Morgen bei mir vorbei und oft holt er mich zu einem Ausflug ab. Dann darf ich hinter seinem rechten Ohr sitzen und ihn im Auto begleiten oder wir untersuchen gemeinsam den Garten und seine Bewohner. Er ist mein bester Freund geworden und ist sehr liebevoll mit mir und allen Kindern aus der Nachbarschaft.

TIGRA, die rot-weiße Katze, die gerne Vögel erschreckt, ist sehr scheu und liebt es gemütlich irgendwo –am liebsten in Bäumen- herum zu liegen. Dann schnurrt sie und verbreitet ein wohliges Gefühl. Wenn ich ihr zu nahe komme, versucht sie mich zu fangen, deshalb bleibe ich lieber auf Abstand.

SOFIA ist die Besitzerin des Gartens. Sie hat noch andere liebe Tiere in Ihren Garten gebracht.

Ich lebe seit einiger Zeit in ihrem Engelgarten. Er hat ganz viele Blumen, die nach Engeln benannt sind. Alle blühen weiß oder lila und rosa. Dann gibt es noch den Hexengarten mit vielen Kräutern. Vor dem Haus gibt es einen Sommergarten und einen Feengarten. Sofia ist eine sehr schöne Frau mit kupferfarbenem Haar und goldenen Strähnen. Ihre Augen sind so tiefblau wie das Meer und wenn du genau hinschaust siehst du ein kleines Feuer hinter jedem Auge. Sie hat das klingende Lachen eines Mädchens und ist immer fröhlich und gut gelaunt. Für alle Fragen und Probleme findet sie eine Antwort und weise Lösungen. Manchmal trägt sie ein schönes, buntes Kleid, aber sie liebt ihre alten hundertmal geflickten Jeans. Mit allen Tieren und Menschen geht sie liebevoll um und Kindern hilft sie in jeder erdenklichen Situation. Am liebsten spielt sie mit Kindern spannende und oft gerade erst erfundene Spiele. Für uns alle ist sie ein „Fels in der Brandung" und in schwierigen Situationen weiß sie immer Rat.

E.T. und Joda

Han und Lea

Frodo und Sam

Auf dem Rasen in Sofias Garten lebe ich gefährlich. Immer wenn ich unter einem saftigen Blatt sitze und etwas ausruhe, kommen gefräßige Tiere und stören mich. Die zwei Schildkröten mit den Namen E.T. und JODA, hätten mir beinahe ein Bein abgebissen. Ich habe sie nicht gehört, weil Schildkröten auf dem Rasen sehr leise gehen. Die beiden Häschen HAN und LEA höre ich, wenn sie angehoppelt kommen. Außerdem schlagen sie immer noch einen extra lauten Haken und springen wie verrückt. Die zwei Igel FRODO und SAM sind nur nachts unterwegs und dann höre ich wie ihre Stacheln über den Boden ziehen. Nachts schlafe ich auf hohen Blumen und Ästen, da bin ich geschützt vor diesen Mäulern. Außerdem gibt es noch eine kleinere Hündin WINNY, die Freundin von Alex. Sie ist von der gleichen Rasse wie Alex und hat ein schönes, hellbraunes Fell. Natürlich hat sie auch eine riesige, schwarze Nase.

Alle Tiere leben zusammen und verstehen sich gut. Auch die Kleinsten wie z.B. Spinnen und Ameisen haben ihren Platz. Sofia sagte mal:

„Jedes Tier hat seine Aufgabe und hat das Recht auf einen Platz zum Leben. Es verdient genauso respektiert und geliebt zu werden, wie ein Mensch!"

... und daran hält sie sich eisern!

Ich bin also Dein Felix Plampuddel und ich bin ein Siebenpunkt-Marienkäfer. Ich bringe jedem Glück und deshalb freuen sich die Menschen so, wenn sie mich sehen. Sofia hat mich und viele meiner Freunde mit der Post aus Deutschland nach NISIDA einfliegen lassen. Da waren wir noch in den Larven. Meine Freunde sind alle ausgeschlüpft und gleich weggeflogen. Sie sind jetzt in anderen Gärten der Insel. Nur ich bin hier geblieben und mir gefällt es soooo gut, dass ich auch weiter bleiben möchte. Ich ernähre mich von den Läusen, die in Sofias schönen Gärten herumspazieren.

Es gibt 4000 verschiedene Arten von Marienkäfern auf der ganzen Welt. Sie haben verschiedene Farben und Formen. In Europa gibt es 100 Arten. Am meisten findest du meine Sorte. Meine Deckflügel schützen meine Hautflügel, mit denen ich fliegen kann. Auf den roten Deckflügeln sind jeweils drei schwarze Punkte, den siebten Punkt habe ich in der Mitte hinter meinem Kopf.

Das haben wir Marienkäfer und Menschen übrigens gemeinsam: Auch bei den Menschen gibt es viele verschiedene Arten und Hautfarben. Je nach dem wo ihr geboren werdet und wer Eure Eltern sind, seht ihr unterschiedlich aus und führt ein unterschiedliches Leben. Aber Menschen seid ihr alle und seid auf gleiche Weise entstanden. Wenn ihr auf die Welt kommt seid ihr alle gleich hilflos und voller Liebe.

X-mal musste ich den Namen unseres Ortes hören, bevor ich ihn mir merken konnte. NISIDA heißt unsere Heimatinsel. Sie liegt irgendwo im blauen Meer und ist etwas ganz Besonderes. Wir haben sehr viel Natur, die besonders geschützt wird. Die Kinder von Nisida haben viele schöne Plätze zum Spielen und Toben. Sie gehen alle gerne in die Schule und in ihrer Freizeit machen sie viel in der Natur und mit Tieren. Sie haben sogar einen eigenen Zirkus. Dort dürfen Kinder die Kunststücke, die sie mit den Tieren geübt haben in einem richtigen, bunten Zirkuszelt vorführen. Sie dürfen auch Clown sein oder akrobatische Kunststücke zeigen.

Nisida ist eine sehr grüne Insel, da es viel Wasser gibt. Ein besonderer, schneeweißer Marmor hält die Feuchtigkeit im Inselinneren. Der höchste Berg ist 1250m hoch und oben ganz kahl, da in dieser Höhe keine Bäume wachsen. Von unten sieht der Berg gewaltig aus und zeichnet sich deutlich von dem blauen Himmel ab. Von oben kannst du über die ganze Insel schauen und du siehst das tiefblaue Meer und das Festland.

Um die Insel herum gibt es einige kleine, unbewohnte Inseln. Das Tollste ist eine Sandbank, die rings um die Insel zu finden ist. Überall kannst du bis zur Sandbank schwimmen und dort wieder im Wasser stehen und mit deinen Freunden Wasserball spielen und toben. Das ist ungefährlich für Kinder. Wenn du ganz still im Wasser stehst und hineinschaust, siehst du kleine, silberne Blättchen schwimmen. Das sind Teilchen von dem weißen Marmor, die durch das Wasser abgerieben wurden. Das glitzert im Sonnenlicht wie kleine Sterne. Wenn die Mittagssonne auf das Meer scheint, dann funkelt es auf dem Wasser wie Millionen Diamanten.

Die Strände sind ganz unterschiedlich. Es gibt Strände mit kleinen, weißen Kieselsteinen, dort ist das Meerwasser grün und hellblau. Dann gibt es Steinstrände und Felsbuchten, die schön zum Tauchen sind, weil dort viele verschiedene Fische, Seesterne, Seepferdchen, Muscheln, Schnecken und Seeigel zu sehen sind. Auch kannst du Tintenfische und Kalamares beobachten und wenn du einen antippst, sprüht er seine schwarze Tinte heraus und schwimmt schnell wie ein Pfeil davon. Sehr aufregend ist es, wenn die Delfinfamilien vorbeiziehen. Sie kommen meistens gegen Abend und spielen zusammen im Meer, springen heraus, drehen sich und jagen sich gegenseitig. Das Meer ist für sie ein großer Spielplatz und für die Menschen ein abenteuerlicher Ort.

Alex schwimmt sehr gerne und immer wenn ich Lust habe, setze ich mich hinter sein Ohr und beobachte alles um uns herum. Einmal hat Alex so verrückt mit Winny gespielt, dass ich heruntergefallen und hilflos im Meer herumgepaddelt bin. Marienkäfer können nämlich nicht schwimmen, wir treiben an der Wasseroberfläche.

Schon nach kurzer Zeit kam eine große, schwarze Nase vorbei und ich konnte nach oben hinter das schützende Ohr krabbeln, um mich auszuruhen. Die Sandstrände sind während des Sommers von sehr vielen Menschen besucht und du kannst dich kaum am Strand drehen. Viele hundert Sonnenschirme sind in den Sand gebohrt.

Auf der ganzen Insel gibt es Bäche und kleine Flüsse und natürlich kleine Seen. Dort leben Frösche, Lurche und Eidechsen, Störche und Reiher, Krebse, Muscheln und Fische. Die unterschiedlichsten Vogelarten haben sich dort angesiedelt und die schönsten, wilden Pflanzen findest du an diesen Orten.
Schlangen leben in den hohen Gräsern und unter Steinen. Nachmittags kommen sie aus ihren Verstecken und legen sich in die Sonne, um Wärme zu tanken. Zwei Sorten sind sehr giftig, aber sie beißen Menschen nur sehr selten, lieber verhalten sie sich ganz ruhig oder flüchten. Sicher haben sie Angst vor den riesigen Menschen. Manche Schlangenarten werden bis zu zwei Meter lang und machen ganz schön Eindruck, aber sie sind ungefährlich.

Igel fressen gerne Schlangen und finden genug davon in der Wildnis und im Sumpfgebiet.

Überall in den Kiefer-, Kastanien- und anderen Laubwäldern findest du bunte Blumen und Teepflanzen und Kräuter. Mit jedem Schritt, den du gehst, trittst du auf eine Pflanze, die einen unglaublichen Duft verbreitet. Dann riecht es nach Oregano, Salbei, Pfefferminz, Kamille oder Thymian. Auch wilder Lavendel, Oleander und Jasmin blühen während der meisten Zeit des Jahres.

Am liebsten mag ich die vielen, schönen Eulen, die so klug aussehen und immer ganz still in den Bäumen sitzen. Sie wagen sich sogar in die Dörfer zu den Menschen und beobachten neugierig, was so passiert in ihrem Revier.

Weiter unten in den Tälern haben die Menschen Olivenhaine angelegt. Die silber-grünen Blätter der Olivenbäume sind ein schöner Ausgleich zu dem satten grün der Wälder. Diese Olivenbäume sind bis 1000 Jahre alt. Es wäre bestimmt spannend, Geschichten von ihnen zu hören, denn sie haben viel erlebt. Im Mai blühen die Olivenbäume und an windigen Tagen, wenn die Blüten herabfallen sieht es aus wie Schnee.

Die Menschen haben zwischen den Olivenbäumen ihre Obstbäume gepflanzt. Pfirsiche, Nektarinen und Äpfel darfst du dir beim Wandern abpflücken und unterwegs aufessen. Im August sind die Feigen reif und da schlagen sich alle so richtig den Bauch voll.

Wir haben in unserem Garten einen gaaaanz großen Feigenbaum, der herrlichen Schatten spendet. Darum hat Sofia ein großes Bett für Alex und Winny unter dem Baum gebaut. Da haben es die beiden so richtig bequem und kühl. Wenn die Feigen reif sind, pflücken Alex und Winny sie selbst. Die Beiden sind süchtig nach Feigen und können es nicht abwarten bis Sofia erntet.

Der Himmel über Nisida ist immer schön. Fast täglich scheint die Sonne und es ist immer blauer Himmel sichtbar. Es scheint jeden Tag, ein anderes Blau zu sein. Ein Gewitter kündigt sich meistens durch weiße Wolkenberge an, die lustige Figuren formen. Wenn Kinder zu Besuch sind, liegt Sofia mit ihnen im Gras und alle erzählen Geschichten zu den Figuren am Himmel.

Da kämpfen Drachen und reiten Prinzen auf weißen Pferden, Delfine springen und Fantasievögel gleiten am Himmel entlang. Einmal gab es eine Geschichte von einer Hexe, die auf einem Besen ritt. Wie die Geschichte weiterging weiß ich nicht, da plötzlich dicke Regentropfen vom Himmel fielen und wir alle zu unseren geschützten Plätzen flüchteten.

Nach jedem Gewitter erscheint der Himmel in den schönsten, warmen Farben. Alles ist dann in Gold getaucht und leuchtet in rot und orange bis zu einem herrlichen Violett. Oft sind zwei Regenbögen gleichzeitig am Himmel zu sehen. Sie sind so deutlich und prächtig, dass du die einzelnen Farben erkennen kannst.

Wenn du Nisida besuchen willst, musst du mit der Autofähre oder mit dem Schnellboot fahren. Die Autofähren fahren nur in die Hauptstadt, Schnellboote sind nur für Personen und fahren vom Festland zu drei verschiedenen Städten der Insel. Jede Stunde findest du eine dieser Gelegenheiten zur Überfahrt. Auf der Insel kannst du Tag und Nacht mit dem Bus zu allen Orten fahren.

Für Kinder gibt es niedrigere Fahrpreise und einige Sonderbusse. Es ist ganz leicht, sich zurecht zu finden.

Jedes Dorf auf Nisida hat mindestens einen Treffpunkt für Kinder. Treffpunkte sind Orte, an denen die Kinder spielen und lernen können. Dort ist immer jemand, der auf sie aufpasst und alles organisiert. Ein großes Feriendorf und verschiedene Spielhäuser gibt es in den größeren Dörfern. Ein Erlebnisschwimmbad und viele Sportplätze für alle möglichen Sportarten findest du über die Insel verteilt. In den großen Dörfern wurden Kreativschulen eingerichtet. Die Kinder lernen dort Tanzen, Singen, Musikinstrumente spielen, Malen und Geschichten oder Gedichte schreiben.

Strom und Heizung werden durch Sonnenergie erzeugt. Das Wasser für die Olivenbäume und Gärten, die Swimmingpools und das Schwimmbad wird aus dem Meer genommen und gereinigt. Die biologische Kläranlage reinigt das Schmutzwasser. Das saubere Wasser wird in einen See und von dort ins Meer geleitet.

So wird die Umwelt geschützt und es siedelten sich wieder viele Tierarten auf Nisida an, die bereits vor langer Zeit von hier verschwunden waren.

Tiere werden geschützt und gepflegt und es gibt ein tolles Tierheim. Dort leben einige Tiertrainer, die zusammen mit den Kindern, die Tiere erziehen. Besondere Talente werden gefördert und so haben die Tiere ihre Aufgaben zu erfüllen. Sie werden als Polizeihunde und zum Schutz eingesetzt. Manche Tiere eignen sich als Rettungstiere oder zur Unterstützung von behinderten Menschen. Andere sind einfach Spaßmacher und treten im Zirkus auf, damit sie Menschen zum Lachen bringen. Für Tiere wurde ein modernes Krankenhaus eingerichtet. Es besitzt einen speziellen Notfallwagen.

Auf Nisida ist das einzige „Tierstrandbad". Es ist ein abgeschlossenes Gelände am Meer mit einem herrlichen, sauberen Sandstrand. Das Meer wurde mit Steinmauern und einem Zaun nach links und rechts abgeteilt. Die vordere Öffnung zum offenen Meer wurde unter Wasser mit einem Netz versehen.

Über Wasser schwimmen kleine Bälle an einer Schnur zur Abgrenzung. Damit wird verhindert, dass die Tiere hinausschwimmen können und trotzdem haben sie immer frisches Meerwasser. Die Türen zum Tierstrandbad sind nie verschlossen, so dass jeder mit seinem Tier hinein darf. Alle Tiere dürfen frei herumlaufen und unbeschwert spielen. Das ist eine super Sache und manchmal sind dort 50 Hunde auf einmal und alle möglichen anderen Tiere. Da ist richtig was los!!!

Was ich in den letzten Monaten erlebt habe, erzähle ich dir in den folgenden Geschichten!

Deine Notizen

Was gefällt dir an Nisida besonders?

_____

_____

_____

_____

_____

Was vermisst du auf Nisida?

_____

_____

_____

_____

_____

Möchtest du einmal Ferien auf Nisida machen?

_____

_____

_____

_____

_____

Natalie füttert die Möwen

Pünktlich um fünf Uhr dreißig an einem Samstag hat mich Alex abgeholt und wir sind mit der Fähre aufs Festland gefahren. Sofia wollte dort etwas auf dem großen Markt einkaufen. Es war sehr spannend, durch die vielen Menschen zu laufen. Alle gingen Alex aus dem Weg, deshalb war es leicht, die richtigen Marktstände zu finden. Ich habe es mir sehr bequem gemacht und alles genau beobachtet. Mein Platz hinter Alex Ohr ist in 114 cm Höhe und ich kann von dort auf alle Marktstände schauen.

Stell dir mal vor du bist zwischen so vielen Menschen auf einem bunten Markt. Alle Marktstände sind schön dekoriert, das Obst und Gemüse ist fein sortiert und zu großen Pyramiden gestapelt. Die Verkäufer rufen aus, was sie alles anbieten. du glaubst es wäre ein großes Chaos, aber das scheint nur so. Die Menschen kaufen viel Obst und Gemüse und Nüsse und getrocknete Früchte, natürlich auch Fleisch und Fisch und Käse und Kräuter. Alles riecht durcheinander und köstlich. Für Alex muss es sehr schwer sein, nicht in Alles mal rein zu beißen. Das Obst ist bestimmt sein größter Wunsch. Aber er weiß genau, was sich gehört.

Sofia hat viele, leckere Sachen gekauft und wollte sie zum Auto tragen. Ein lieber Mensch, an dessen Marktstand sie zu letzt gekauft hat, kam ihr zu Hilfe. Wir Tiere haben es da schon sehr einfach! Uns werden die leckeren Sachen gebracht und wir können direkt los futtern. Sofia schneidet das Obst für die Tiere immer in Stücke und gibt jedem seinen Teil in eine kleine Schüssel. Dann hauen sich alle den Bauch voll und rollen sich danach vor Wohlbefinden.

Eilig mussten wir los, da wir sonst die Fähre verpasst hätten und noch mal eine Stunde in der Sonne und Hitze warten müssten. Zum Glück kennen die Fährleute unser Auto und Sofia. Als sie sahen, dass wir noch die Tickets kaufen mussten, haben sie auf uns gewartet. Das war wirklich klasse!!!
Auf der Fähre durften wir aus dem Auto aussteigen und auf dem unteren Schiffsdeck, auf dem Durchgang am Geländer bleiben. Die steilen Treppen auf der Fähre kann Alex nämlich nicht gehen und außerdem ist es dort schön windig und schattig. Wegen des Windes musste ich mich unter Alex Ohr verziehen, sonst wäre ich ohne Mühe davon gesegelt.

Von diesem geschützten Platz kann ich sehr gut sehen, was vor sich geht. Sofia ging sich einen Kaffee kaufen und wollte gleich zurück sein. Alex legte sich bequem an das Geländer. Einige andere Menschen waren noch da, um sich vor der Sonne zu verkriechen. Sie hockten auf den Kästen mit den Rettungswesten.

Ein kleines Mädchen kam mit einer Tüte Kekse vorbei. Das interessierte Alex natürlich besonders und er beobachtete sehr genau, ob da nicht ein Keks herunter fiel. Das Mädchen NATALIE hatte lange, schwarze Haare und ein sehr hübsches Gesicht mit einer kleinen Stupsnase und großen, dunklen Augen. Sie war bunt angezogen, mit einem roten Rock und einem gelben T-Shirt. Von der Sonne war sie ganz braun. Jeder um uns herum hat sie gerne beobachtet.

Sie kletterte auf das Geländer und lehnte sich weit heraus, um die Möwen mit den Keksen zu füttern. Die Menschen riefen ihr zu: „Lehn' dich nicht zu weit heraus. Du kannst das Gleichgewicht verlieren! Wo ist deine Mama?"

Aber Natalie hörte nicht, sie war so begeistert von den Möwen, dass sie alles um sich herum vergaß. Eine Frau lief los, um die Mutter von Natalie zu suchen. Sofia kam mit ihrem Kaffee zurück, sah das Mädchen und erschrak darüber, wie weit sie über dem Geländer lehnte. Im nächsten Moment sprang Alex auf, rannte zu Natalie und packte mit seinem großen Maul ihren roten Rock. Alle waren zutiefst erschrocken, denn sie hatten gesehen wie das Mädchen nach vorne kippte. Nur waren sie zu langsam, um es festzuhalten. Natalie selbst war sehr erschrocken und weinte wie verrückt. Sofia nahm das Mädchen in den Arm und lobte Alex für seine Aufmerksamkeit. Er bekam gleich einen großen Apfel aus der Einkaufstasche und war sehr zufrieden. Mir saß der Schreck noch in allen Gliedern. Die Menschen um uns herum schimpften: „Wo bleibt die Mutter von dem Kind? Warum passt niemand auf das Kind auf?" Sofia sagte nur: „Alex hat ja aufgepasst und die Mutter kommt bestimmt auch gleich!"
Zu Natalie sagte sie: „Sind Mutti und Vati auch auf der Fähre?"

Natalie antwortete: „Ja, aber die haben sich gestritten und jetzt sitzt jeder mit seinen Freunden zusammen und mich haben sie vergessen!"

Weitere Fragen konnte Sofia nicht stellen, denn da kam die Mutter angerannt. Als sie Natalie in Sofias Armen weinen sah, fing sie sofort an zu schreien: „Was ist mit meinem Kind passiert?" Ein anderer Mensch antwortete: „Der Hund hat ...", mehr konnte er nicht sagen, denn die Mutter führte den Satz zu Ende: „Der Hund hat mein Kind gebissen! Ich werde sofort dem Kapitän Bescheid sagen, dann wird der Hund bestraft! So ein Tier darf nicht auf die Fähre und darf sowieso nicht frei herumlaufen!" Eine Stimme hinter der Mutter sagte: „Bleiben sie ganz ruhig! Alex hat noch nie jemanden gebissen! Was ist denn nun wirklich passiert?" Es war der Kapitän, der uns alle schon lange kennt. Wir sind Nachbarn in unserem Dorf und er hat auch vier große Hunde.

Die Mutter schrie nur weiter herum, bis Sofia eingriff. Sie hatte immer noch die weinende Natalie im Arm, die sich noch fester an sie klammerte. Sofia beruhigte Natalie und sagte:

„Also Natalie, jetzt erzähl mal genau was passiert ist. Aber nur was passiert ist, nicht was du gedacht oder gefühlt hast." Natalie bemühte sich, ruhig zu sein und erzählte: „Mama, Papa und ich waren den ganzen Vormittag in der Stadt auf dem Markt und in vielen Geschäften. Wir haben auch im Eiscafe ein Eis gegessen und alles war so schön. Mama hat sich ein blaues Kleid gekauft, als Papa mal kurz weg war. Auf der Fähre hat sie Papa das Kleid gezeigt und er findet es schrecklich und viel zu teuer. Er sagte, dass sie es zurück bringen muss. Dann haben sich die beiden lange, zornig gestritten. Auf einmal sind sie aufgestanden und haben sich an andere Tische zu Freunden gesetzt. Mich haben sie sitzen lassen und nichts gesagt. Da bin ich mit meinen Lieblingskeksen zu den Möwen gegangen und habe sie gefüttert. Ich bin am Geländer hochgeklettert und habe mich zu weit heraus gelehnt. Auf einmal dachte ich, dass ich runterfalle, aber etwas hat mich festgehalten. Da bin ich sehr erschrocken." Dann fing sie wieder an zu weinen.

Mittlerweile war auch Natalies Papa angekommen. Er hörte Natalies Geschichte zu.

36

Sofia fragte die Eltern: „Stimmt die Geschichte von Natalie? Antworten sie bitte nur auf diese Frage." Die Eltern nickten beide und stimmten der Geschichte von Natalie zu. Beide wurden sehr ruhig und aufmerksam.

Nun fragte Sofia die kleine Natalie, die sich wieder beruhigt hatte: „Jetzt sag' doch mal genau, was du gefühlt hast, als Deine Eltern sich stritten und du alleine geblieben bist!" Natalie wurde ernst und sagte: „Ich fühlte mich auf einmal sehr einsam und hatte Angst, dass ich für immer alleine bleiben muss. Ich habe gedacht, wie schrecklich das ist, wenn ihr euch scheiden lasst. Einige Kinder in meiner Klasse haben keinen Papa oder keine Mama mehr, weil die Eltern geschieden sind. Die machen keine so schönen Ausflüge gemeinsam. Ich war sehr traurig und suchte nach Freunden. Die Möwen sind immer lustig und ich habe schon oft mit Papa Möwen gefüttert. Aber da hast du mich festgehalten, das habe ich vielleicht vergessen."
Sofia fragte nun die Eltern: „Wie fühlen sie sich jetzt? Antworten sie bitte an Natalie!" Die Eltern waren zu Tränen gerührt und die Mutter sagte: „Meine liebe kleine Natalie, ich wollte nicht, dass du dich einsam fühlst.

Ich habe nur an mich gedacht und an das blöde Kleid, dabei habe ich deine Gefühle ganz vergessen. Bitte entschuldige!" Natalies Vater nahm sie nun aus Sofias Arm, drückte sie ganz fest an sich und sagte: „Ich hab dich sehr lieb und wollte dich nicht verletzen!" Nun standen die drei glücklich wieder zusammen und Sofia bat die Eltern Natalie zu sagen, was Sie in Zukunft ändern wollen. Die Eltern versprachen Natalie, sie nicht mehr alleine sitzen zu lassen und zu vernachlässigen, wenn sie Streit hätten. Natürlich wollten sie auch weniger streiten.

Natalies Vater fragte plötzlich: „Wer hat dich denn nun festgehalten und dein Leben gerettet?" Die umstehenden Menschen riefen: „Alex hat sie am Rock gepackt und zurückgezogen. Wir haben alle nicht schnell genug reagiert!"

Alle schauten zu Alex, der mit der Tüte Äpfel beschäftigt war. Aber wer ein Leben gerettet hat, kann ruhig ein paar Äpfel zur Belohnung fressen. Wir lachten über das glückliche Gesicht von Alex in der Apfeltüte.

Alle hatten wieder ihre Plätze eingenommen und überall wurde über den Vorfall gesprochen.

Eine alte Frau kam zu Sofia und fragte: „Warum haben sie sich so mit diesen Leuten beschäftigt?" Die Antwort war einfach: „Ich sehe oft, dass Kinder nicht ernst genommen werden und Eltern vergessen, dass Kinder nur kleine Menschen sind, die genauso empfinden, wie ein großer Mensch. Natürlich verdienen Kinder den gleichen Respekt und die gleiche Liebe wie erwachsene Menschen. Sie dürfen nicht einfach übergangen werden und wie Gegenstände abgestellt werden. Kinder sollen lernen, die Situation zu erklären und ihre Gefühle in der Situation zu schildern. Und sie haben das Recht, eine Lösung für das Problem einzufordern. Sie müssen lernen, positiv mit Konflikten umzugehen und ohne Streit eine Lösung zu finden. Beide Seiten gewinnen dadurch. Es sind nur drei wichtige Punkte zu beachten und dabei müssen alle Beteiligten aufmerksam den Anderen zuhören:

Das Kind muss die Situation sachlich und ohne Gefühle auszudrücken, erklären. Das Erzählte muss für beide Seiten der Wahrheit entsprechen.

Dann muss das Kind ohne Angst seine Gefühle in der Situation ausdrücken. Damit wird natürlich viel Betroffenheit ausgelöst. Das macht deutlich, dass das Kind Gefühle hat und leicht verletzt werden kann.

Danach wird eine Vereinbarung getroffen, die eingehalten werden muss.

Auf diese Weise reden alle von der gleichen Sache oder Situation und es gibt keine Missverständnisse mehr. Bestimmt haben sie bemerkt, dass Natalie und die Eltern sich sehr viel Aufmerksamkeit geschenkt haben. Jeder hat dem Anderen zugehört und Verständnis gezeigt. Es ist wichtig, über alles zu reden und mit diesem System ist es für alle Beteiligten sehr einfach. Es gibt nur diese drei Regeln zu beachten!" Die alte Frau lächelte und sagte: „Ja, am Ende waren alle sehr glücklich und bestimmt werden sie in Zukunft oft an diese Situation denken. Meine Eltern haben auch sehr oft gestritten und ich wusste nicht, was ich tun sollte. Jedes Kind hat dann Angst, einen Elternteil zu verlieren."

Mir tat die kleine Natalie sehr leid, als sie so ehrlich über die Angst, alleine zu sein, sprach. Ich war noch ganz in Gedanken als es mich eiskalt erwischte: Beim Abbeißen eines großen Stückes Apfel hat es so gespritzt, dass ich an meinem Platz hinter Alex Ohr auch noch etwas abbekommen habe. Das war sehr lecker. Marienkäfer mögen süßes Obst sehr gerne.

Hast du auch schon mal eine Situation erlebt, in der du dich schlecht gefühlt hast? Oder hast du schon mal Angst gehabt, alleine zu sein? Wenn du das nächste Mal in eine ähnliche Situation mit Eltern, Geschwistern oder Freunden kommst, dann teste mal, ob das System mit den drei Regeln klappt. Ich wette, du kannst das und wirst zukünftig viel besser und ohne Streit Lösungen für eure Konflikte finden. Übe es schon mal in Gedanken, damit du den Anderen die folgenden richtigen Fragen stellst:

Was ist wirklich geschehen?
Was habe ich dabei gefühlt?
Was werden wir gemeinsam ändern?
Das Wichtigste ist:
       Sei ehrlich und höre aufmerksam zu!

Deine Notizen

Was gefällt dir an der Geschichte?

_____

_____

_____

_____

_____

Was vermisst du in der Geschichte?

_____

_____

_____

_____

_____

Hast du so etwas schon einmal erlebt?

_____

_____

_____

_____

Welche 3 Fragen musst du stellen, um ohne Streit eine Lösung zu finden?

_____

_____

_____

_____

_____

Was ist das Wichtigste?

_____

_____

Fällt dir eine ähnliche Geschichte ein?

_____

_____

_____

_____

_____

_____

_____

_____

Moritz und die Wassermelone

Mein liebes Kind, was ich heute erlebt habe, das war der Hammer! Ich habe gelernt, dass die Menschen eine einfache Sache mit ganz unterschiedlichen Augen sehen. Sie sehen Sachen, die gar nicht da sind und sie denken zu viel Schlechtes. Für mich war das ein klarer Fall und ich musste einmal richtig loslachen!

Wir sind alle zum Feriendorf gerufen worden, weil ein Junge namens MORITZ vermisst wurde. Alex und Winny sollten mit ihren dicken, schwarzen Spürnasen bei der Suche helfen.

Das Feriendorf ist echt groß. Es gibt dort 100 kleine Holzhäuschen für Kinder. Jedes Häuschen hat Platz für 4 Kinder und eine kleine Terrasse mit Hängematte. Rund um jedes Häuschen ist eine Wiese mit einer hohen Hecke. Außerdem gibt es auch noch 25 Häuschen für die Erwachsenen, die auf die Kinder aufpassen und mit ihnen spielen und schöne Sachen machen. Ein Minigolfplatz mit schwierigen Aufgaben und ein Abenteuerspielplatz gehören auch dazu. Mitten im Dorf ist ein riesengroßes Trampolin mit einem Netz rings herum.

Natürlich essen die Kinder alle zusammen in einem Kinderrestaurant. Mit den Erwachsenen machen sie viele Spiele und Sportturniere. Das Dorf ist direkt am Meer mit einem schönen Sandstrand und natürlich der Sandbank. Dort werden Wettkämpfe im Schwimmen und Salto springen gemacht, Beach-Volleyball gespielt und im Team Sandburgen gebaut. Wasserball und Luftmatratzen-Hockey sind auch lustige Ereignisse. Manchmal wird im Wasser ein Trampolin aufgebaut. Die Wasserrutsche soll echt toll sein. Es gibt eine richtige Skatboardbahn mit einer super Welle. Du kannst Tretboote und Surfbretter leihen und die Kinder können Schnorcheln und sogar Tauchen lernen. Abends machen die Erwachsenen ein Lagerfeuer und alle sitzen zusammen und singen Lieder und erzählen die Geschichten vom Tag. Die Kinder üben Theaterstücke ein und machen kleine Vorführungen auf einem Platz im Zentrum des Dorfes. Ein echtes Paradies!

Als wir ankamen wurde uns Moritz erst einmal beschrieben. Er ist ein Junge aus der Schweiz und hat dunkelbraune Haare.

Er trägt eine blaue Jeans und ein kakifarbenes T-Shirt und Turnschuhe. Die Haare hat er zu einem Kamm frisiert und er hat immer sein Skateboard dabei. Seine Eltern waren noch im Feriendorf. Moritz wurde seit drei Stunden vermisst.

Vierhundert Kinder waren im Feriendorf, dreihundert davon kamen von anderen Teilen Europas. Die hundert Kinder von Nisida wollten bei der Suche helfen. Die anderen Kinder waren gerade erst angekommen und mit sich und dem Dorf beschäftigt. Die Helfer waren nun alle beim Trampolin in der Mitte des Dorfes versammelt. Sie beschlossen von dort aus sternenförmig auszuschwärmen und jeden Winkel des Dorfes zu durchsuchen.

Sofia ging mit Alex und Winny in das Häuschen, in dem Moritz zuletzt gesehen wurde und wo seine Tasche stand. Auf Moritz Bett lag eine Wassermelone und eine bunte Schmusedecke.
Alex und Winny mussten seinen Geruch kennen lernen, um eine Spur aufzunehmen. Nachdem sie an allen Sachen geschnuppert hatten, schickte Sofia die beiden los.

Alex hatte wohl keine Lust, er legte sich auf den Boden und war nicht zu bewegen. Winny flitzte gleich los und ich hatte Mühe, noch rechtzeitig hinter ihrem Ohr Platz zu nehmen.

Zuerst lief Winny zur Skateboardbahn und blieb eine Weile schnuppernd an der Welle stehen. Dann rannte sie zum Trampolin und dann zur Minigolfbahn und dann zum Meer. Wir waren bestimmt eine Stunde auf dem Platz unterwegs. Auch die anderen Kinder haben eifrig alles durchsucht. Dann kam Winny zurück zum Häuschen. Sofia und die Eltern waren hinter uns her gelaufen. Wir kamen gleichzeitig dort an und die Erwachsenen schrieen wie verrückt vor Schreck bei dem Anblick des Zimmers.

Alex hatte ein rotes Maul und der Fußboden war rot getränkt. Unter den Vorderpfoten von Alex lagen ein Arm und das Skateboard von Moritz. Alles andere war irgendwie unter dem Bett verschwunden.

Ich fand den Anblick einfach komisch und auch Sofia fing an zu lachen. Winny wedelte mit dem Schwanz vor Freude. Alex konnte man die Freude sowieso ansehen.

Die Eltern und die anderen Erwachsenen waren erschüttert. Sie schrieen: „Das Kind ist gebissen worden! Wie schrecklich, alles ist voll Blut! Holt den Jungen unter dem Bett heraus!"

Da bewegte sich der Arm von Moritz. Er wollte wohl wieder flüchten, aber Alex hielt seine Pfote fest auf dem Skateboard. Sofia ging zu Alex, schimpfte mit ihm und musste dabei lächeln. Was die Erwachsenen als Blut und schrecklich sahen, war eine geplatzte Wassermelone, die durch das ganze Häuschen gespritzt ist. Alex und Moritz hatten alles davon verdrückt, was möglich war. Moritz war dann mit vollem Bauch, halb aus seinem Versteck heraus gestreckt, eingeschlafen. Alex hielt das Skateboard fest, weil er wusste, dass Moritz keinen Schritt ohne Skateboard macht. Schon vor dem Start der Suchaktion wusste Alex, dass Moritz unter dem Bett war und blieb deshalb zurück. Es war sicher seine Idee, die Wassermelone vom Bett kullern zu lassen.

Sofia beruhigte die Eltern und die anderen Erwachsenen. Das hat ganz schön lange gedauert. Alle Erwachsenen dachten wirklich Alex hätte Moritz gefressen und nur der Arm sei übrig geblieben.

Sofia erklärte, dass das nur passieren konnte, weil Erwachsene schon so viele böse Geschichten im Kopf haben. Sie erkennen die Wirklichkeit nicht. Sie sehen erst das Negative, erschrecken und reagieren böse. Am Ende gibt es Streit, wenn niemand da ist, der die Situation richtig sieht. Außerdem entsteht durch diese bösen Geschichten viel Angst im Kopf. Aus Angst geschehen dann die schrecklichsten Sachen. Wenn du immer deinem Herzen und deinem Gefühl vertraust, siehst du die Dinge richtig. Kinder verstehen das noch sehr gut, solange sie nicht von Erwachsenen gezwungen werden, mehr ihren Kopf einzuschalten.

Versuch mal in schwierigen Situationen vollkommen ruhig zu bleiben und höre ganz tief in dich, auf dein Herz und dein Gefühl. Du wirst sehen, die Situation endet ohne Streit.

Trau nicht nur deinen Augen,
vertraue deinem Herzen!

Moritz kam jetzt unter dem Bett hervor gekrochen und sah sehr lustig aus. Überall klebten Wassermelonenstücke.

Sein Gesicht war ganz verklebt. Auf den Haaren, die er mit Gel zum Kamm geformt hatte, steckten Melonenstücke. Aber er grinste und fühlte sich sehr wohl in seiner verklebten Haut. Er sagte ganz leise zu seinen Eltern: „Entschuldigung für's Weglaufen! Ich habe euer Gespräch gehört und dass Papa nicht wollte, dass ich hier bleibe. Wir sollten alle zusammen nach Hause fahren. Er sagte, er hätte Angst, dass mir etwas passiert, weil es so viele gefährliche Sachen hier gibt! Ich möchte gerne hier Ferien machen, weil es mir sehr gut gefällt!" Er schaute seinen Papa direkt an und fragte: „Wovor hast du denn Angst? Was soll mir denn passieren? Das Trampolin und die Skateboardbahn sind doch extra für Kinder gemacht. Traust du mir nicht zu, dass ich vorsichtig bin?"

Sein Papa antwortete: „Ich habe Angst um dich, weil ich weiß wie mutig du bist!"

Sofia fügte nichts hinzu, sondern bat die Eltern, die noch im Dorf waren, zusammen mit ihren Kindern, zum Trampolin zu kommen. Es waren nur noch fünf Elternpaare im Feriendorf. Die anderen waren bereits wieder auf dem Heimweg, nachdem sie die Kinder ihren Betreuern übergeben hatten.

Sie fragte die Eltern, ob sie Angst um ihre Kinder hätten und alle antworteten mit „Ja"! Darum erklärte Sofia die Verhaltensregeln auf einem Trampolin und bat die Eltern es mit ihr zusammen auszuprobieren. Zögernd stimmten alle zu, nur die Kinder freuten sich riesig. Dann stiegen alle auf das Trampolin und das Sicherheitsnetz wurde geschlossen.

Das war ein Spaß! Die Eltern hüpften erst ganz vorsichtig. Auf Sofias Zeichen gaben sich alle die Hände und dann sprangen sie gemeinsam immer höher und höher. Sie lösten die Hände und jeder sprang alleine. Die Eltern lachten und jauchzten lauter als ihre Kinder. Ein Vater hatte einen ganz dicken Bauch und manchmal sah es aus, als würde der Bauch ihn überholen. Die Kinder fassten ihre Eltern bei den Händen und sprangen mit ihnen gemeinsam. Die anderen Kinder kamen nun alle zum Trampolin und feuerten die Springer immer mehr an. Alle lachten und lachten und jauchzten und waren total von der Rolle.

Als der Spaß zu Ende war und alle wieder auf festem Boden standen, lud Sofia die Springer ins Trainingsdorf in den Bergen ein.

Dort sollen die Eltern lernen, ihre Kinder zu ermutigen und ihre eigenen Ängste zu bewältigen.

Am Abend fuhren wir alle zum Trainingsdorf. Es liegt in den Bergen, kurz vor der Baumgrenze in einem großen Waldgebiet mit verschiedenen Übungsparks. Dort wohnen alle in Holzhäusern und es gibt nur zwei Außenduschen und zwei Toiletten. Man wohnt wie in einem kleinen Dorf vor 200 Jahren. Gekocht und gegessen wird abends gemeinsam am Lagerfeuer. Tagsüber müssen verschiedene Aufgaben gelöst werden und das ist sehr abenteuerlich.

Sechzehn Personen nahmen an diesem Training teil. Die fünf Elternpaare mit ihren sechs Kindern. Gleich nach der Ankunft wurden die Buddys (englisch: Kamerad, Aussprache Baddi) ausgesucht. Buddy ist derjenige in der Gruppe, der dich unterstützt und dir immer hilft. Die Übungen sind sehr anstrengend und spannend, da ist es wichtig, dass sich jemand nur um dich kümmert. Es sollen sich aber auch alle Teilnehmer um jeden kümmern.

Deine Notizen

Was gefällt dir an der Geschichte?

_____

_____

_____

_____

_____

Was vermisst du in der Geschichte?

_____

_____

_____

_____

_____

Was kannst du in schwierigen Situationen tun?

_____

_____

_____

_____

_____

Siehst du manchmal Sachen, die in Wirklichkeit ganz anders sind?

_____

_____

_____

_____

_____

Wann haben deine Eltern Angst um dich?

_____

_____

_____

_____

_____

Was war die mutigste Sache, die du gemacht hast?

_____

_____

_____

_____

_____

<u>Anika</u>

<u>Peter</u>

Anika und Peter, ein super Team

Bei der Wahl der Buddys wurde festgestellt, dass sich ein Mädchen mit dem Namen ANIKA in die Gruppe eingeschmuggelt hatte. Sie ist ein ganz süßes Mädchen, mit zarter, heller Haut und hellen, langen Haaren. Sie frisiert sich meistens Zöpfe oder einen Pferdeschwanz. Ihre Heimat ist in Dänemark und sie spricht sehr gut deutsch. Anika erzählte: „Meine Eltern sind in den Urlaub gefahren und ich bin alleine mit dem Flugzeug und Bus in das Feriendorf gekommen. Mein Papa hat mir den Weg genau erklärt und im Flugzeug haben sich die Stewardessen ganz lieb um mich gekümmert. Danach bin ich mit einem Bus, zusammen mit vielen anderen Urlaubern, abgeholt worden. Das war ganz einfach. Meine Eltern haben immer viel zu tun und sind froh, wenn sie mal alleine Urlaub machen können. Ich bin da immer nur im Weg. Sie liegen immer am Strand und machen nichts Besonderes. Das ist so richtig langweilig!"

Sofia besprach kurz mit den anderen Gruppen-mitgliedern, was nun zu tun sei. Sie sagte: „Anika ist zu Hause schon immer alleine, dann sollten wir sie nicht wieder alleine lassen. Wir brauchen sowieso immer eine gerade Zahl Teilnehmer, weil viele Übungen zu zweit gemacht werden.

Und jeder braucht seinen Buddy. Sicher wird ein anderes Kind ihr Buddy sein wollen und dann hat sie die Chance, viel zu lernen. Das hilft ihr zu Hause auch weiter!" Die Anderen stimmten gerne zu und eine Mutter fügte noch hinzu: „Ich werde nie verstehen, warum Eltern ihre Bedürfnisse nach Luxus gegen die Liebe und die Zeit mit ihren Kindern eintauschen." Sofia antwortete: „Diese Eltern haben noch nicht verstanden, dass die Kinder die Zukunft der ganzen Welt sind. Wenn wir eine bessere Welt schaffen wollen, müssen wir unseren Kindern viel Liebe, Respekt und Aufmerksamkeit geben. Das kann jeder, unabhängig von Geld und Luxus."

Mittlerweile hat sich PETER, ein deutscher Junge zu Anika gestellt. Er wollte gerne ihr Buddy sein, denn er hatte sie schon die ganze Zeit beobachtet und irgendetwas hat ihn sehr zu ihr hingezogen. Anika mochte ihn auch sofort. Peter sieht lustig aus mit seinen vielen Sommersprossen und seinen roten Haaren. Er erzählte ihr, dass er aus einer deutschen Stadt ganz Nahe der dänischen Grenze kommt.

Die Buddys wurden so zugeteilt, dass die Elternpaare zusammen waren und die Kinder so zusammen kamen, wie sie es wollten.

Seinen Buddy muss man nämlich mögen und natürlich waren Anika und Peter ein Team. Jedes Buddy-Paar wurde Team genannt. Danach gab es noch ein schönes Abendessen am Lagerfeuer und alle gingen ins Bett, denn es sollte schon früh am nächsten Morgen abenteuerlich werden.

Um sechs Uhr aufstehen, war für alle schwierig. Viele sind spät eingeschlafen und haben sich gefragt, was sie am nächsten Tag erwartet. Alles war sehr aufregend. Die Kinder waren neugierig und versuchten die Erwachsenen auszufragen. Aber keiner wusste etwas.
Peter hing noch seinen Gedanken über Anika nach. Er fand sie sehr liebenswert und hoffte, sich mit ihr richtig anzufreunden. War er verliebt in Anika?
Anika ging es ähnlich. Sie dachte auch an Peter und wie sie wohl zusammen die Übungen meistern würden. Sie hatte sich immer einen lieben Freund gewünscht, der sie wie ein großer Bruder beschützt und lieb hat. Vielleicht wird das ja mit Peter so?

Am nächsten Morgen nach dem Frühstück bekam jedes Team einen Rucksack mit allen nötigen Sachen.

Sie wanderten bis zu einem großen Tor, das in einen Wald führte. Ein Erwachsener öffnete das Tor und da war schon das erste Hindernis: Ein riesiges Spinnennetz versperrte den Weg.
Die ganze Gruppe musste sich gegenseitig durch die Löcher des Spinnennetzes heben und schieben. Natürlich durfte das Netz dabei nicht berührt werden, da sonst die riesige Spinne aufwacht und böse wird.
Alex und Winny machten es sich einfach und krochen an einer freien Stelle unter dem Netz hindurch. Sie legten sich dazu auf den Bauch und zogen sich mit den Vorderpfoten weiter. So waren wir schnell auf der anderen Seite und konnten weiter beobachten was in der Gruppe passiert. Am schwierigsten war es, den Vater mit dem dicken Bauch, durch ein großes Loch im Spinnennetz zu schieben. Auf beiden Seiten mussten mindestens zwei Personen helfen. Der letzte Erwachsene war ganz mutig und sprang alleine durch ein Loch in die Arme der anderen Gruppenmitglieder. Das war eine super Leistung.

Leider hat er das Netz berührt und die dicke Spinne begann, sich zu bewegen. Da sind alle schnell davon gerannt, bis zu einer Lichtung im Wald. Dort stand eine kleine Hütte und ein verschlafener Mann kam heraus. Er begrüßte uns alle und lud alle ein, seine Tiere anzuschauen.

Hinter seiner Hütte gab es einen Vogelkäfig, in dem verschiedene Greifvögel saßen. Für mich war das etwas gruselig, da Vögel sehr gerne kleine, knackende Käfer fressen. Ich verkroch mich wieder einmal unter Alex Ohr in eine sichere Position.

Der Mann heißt Josef und ist ein Falkner. Er richtet Falken und andere Greifvögel zum Jagen ab. Er trägt einen festen, gut gepolsterten Handschuh an der rechten Hand und darauf sitzt der Vogel. Mit einem bestimmten Wurf und Ruf wirft er den Falken in die Luft und schickt ihn damit auf die Jagd. Auf einen bestimmten Ruf oder Pfiff kommt der Falke zurück und setzt sich wieder auf die Hand des Falkners. Dann bekommt der Falke natürlich sein Stück Fleisch als Belohnung.

Josef erklärte: „Der Falke braucht sehr viel Mut und Vertrauen, um auf meiner Hand zu sitzen. Es hat sehr viel Zeit gebraucht bis er mir so sehr vertraut, dass er immer wieder zurückkommt. Natürlich weiß er auch, dass er eine schöne Belohnung für seine gute Arbeit bekommt. Das ist bei uns Menschen ja genauso. Wir wollen leben und arbeiten mit Menschen denen wir vertrauen und für gute Arbeiten wollen wir auch belohnt werden. Dann macht es doppelt Spaß und wir steigern uns und werden immer besser. Ermutigung, Vertrauen und Anerkennung sind die wichtigsten Motivationen für alle Lebewesen." Josef erzählte noch viel über Greifvögel und ihre Lebensweise. Danach durfte jeder einmal den Falken auf der Hand tragen, natürlich nur mit dem Handschuh. Es war ein sehr zutraulicher Vogel und scheinbar den Umgang mit fremden Menschen gewöhnt. Einige Erwachsene brauchten etwas Zeit, um Vertrauen zu fassen, aber Josef fand immer die richtigen Worte zur Ermutigung.

Peters Mutter wurde ängstlich, als Peter an der Reihe war. Sie sagte: „Peter, lass es lieber. Du kannst ihn nicht halten und dann verletzt er dich!"

Mit einem Mal war Peter unentschlossen. Er hatte einen ängstlichen Blick und der Falke wurde etwas nervös. Josef ging näher an Peter heran und sagte: „Du kannst das! Du hast einen starken Arm und du liebst die Tiere. Der Falke weiß das und er wird das tun, was du von ihm verlangst. Lass dich nicht verunsichern, du hast es dir doch eben noch zugetraut." Nun streckte Peter die Hand mit dem Handschuh aus. Er gab Josef das verabredete Zeichen und Josef lies den Falken auf Peters Hand hüpfen. Peter warf den Falken in die Luft und er flog eine Runde am Himmel. Auf Peters Zeichen kam er zurück und landete sanft auf Peters Hand. Peter war sehr stolz und alle Anderen klatschten zur Belohnung. Auch der Falke schien das Klatschen zu genießen und natürlich seinen Fleischbrocken. Später nahm die Mutter Peter in den Arm und sagte: „Ich bin stolz auf dich! Ich weiß auch nicht, warum ich immer solche Angst habe!" Nachdem alle an der Reihe waren und Josef noch einige Kunststücke mit einem Adler und einem Geier vorgeführt hatte, war es schon Mittag. Die ganze Aufregung hat hungrig gemacht und die Gruppe setzte sich auf der Lichtung auf ihre Decken und nahm eine schöne Mahlzeit ein.

Ich konnte endlich wieder auf Alex Ohr krabbeln, denn die Gefahr war vorüber und alle Vögel wieder im Käfig.

Nach der kurzen Rast ging die Gruppe fröhlich weiter. Alle erzählten noch von dem Erlebten, als wir zu einer breiten, tiefen Schlucht kamen. Über diese Schlucht führte eine Hängebrücke, die nun gemeinsam überquert werden musste. In der Tiefe konnte man einen kleinen Bach sehen. Ein Vater warf einen Stein in die Schlucht und es dauerte lange, bis wir ihn unten aufschlagen hörten. Sofia erklärte: „Es gibt keinen anderen Weg, wir müssen alle über diese Brücke auf die andere Seite. Zur Sicherheit bekommt jeder einen Bergsteigergurt, mit dem er an dem Sicherheitsseil und am Drahtseil über der Brücke befestigt wird. Dadurch sind Alle sicher und Keiner kann herunterfallen. Die Teams helfen sich bitte wieder beim Anlegen der Gurte und des Helms."

Alle nahmen ihre Aufgabe sehr ernst und halfen sich gegenseitig, die Gurte und den Helm anzulegen. Als das getan war, wurden Lose gezogen, um die Reihenfolge festzulegen.

Anika zog das Los mit der Nummer 1 und sollte als Erste gehen.

Sie wagte es überhaupt nicht. Ihre Beine zitterten und ihr Herz raste wie verrückt. Sie stand wie versteinert vor der Hängebrücke. Peter beobachtete das Mädchen genau. Jeder konnte spüren, dass er ihr helfen wollte. Ganz langsam und mit einer unglaublichen Ruhe ging Peter zu Anika. Er sagte: „Anika, du bist sicher an dem Seil befestigt und du trägst einen Helm. Ich habe deine Ausrüstung genau kontrolliert und die Verschlüsse am Bergsteigergurt sind gut verschlossen. Lass dir Zeit für den ersten Schritt, wir warten auf dich!" Anika schaute Peter tief in die Augen und wir alle konnten die kleinen Funken sehen, die zwischen den Beiden hin und her sprangen. Anika antwortete: „Ich glaube dir Peter, aber meine Beine wollen nicht wirklich da rüber. Das sieht sehr schwierig aus!"

„Ha, schwierig! Das sagst gerade du? Du bist die meiste Zeit alleine und musst alle Probleme alleine lösen. Den ganzen Weg von Dänemark nach Nisida hast du alleine geschafft. Du bist so ein starkes Mädchen! Wo ist Dein Problem? Geh' einfach auf die andere Seite und warte dort auf uns!" Peter wirkte sehr überzeugend und schaffte es damit, Anika zu ermutigen.

Anika ging auf die Hängebrücke und sagte leise: „Du hast recht! Ich sollte mir wirklich mehr zutrauen." Dann ging sie los. Sie war in wenigen Minuten auf der anderen Seite und warf das Sicherheitsseil zurück. Alle klatschten und freuten sich. Die Angst vor der Hängebrücke schien zu schwinden.

Plötzlich und ohne ein besonderes Anzeichen rannten Alex und Winny davon. Ich konnte also nicht sehen, wer als nächstes dran war. Die Beiden rannten in einer wilden Jagd auf einem ganz schmalen, versteckten Pfad durch Gebüsch und unter Felsen hindurch. Es ging rauf und runter und schnell waren wir unten in der Schlucht am Bach. Wasser bedeutet für mich immer besonders vorsichtig zu sein, denn Alex liebt es, sich in die Fluten zu stürzen. ... und platsch, waren wir auch schon drin im Bach. Alex und Winny tranken erst mal tüchtig von dem frischen, kühlen Wasser. Von hier unten konnte ich sehen, wie jemand über die Hängebrücke ging. Einfach sah das wirklich nicht aus! Nun rannten die beiden Hunde wieder nach oben und ich musste mich gut festhalten.

Es ging immer aufwärts und nach wenigen Minuten waren wir auf der anderen Seite der Hängebrücke und gesellten uns zu der Gruppe. Sofia sah uns und gab jedem Hund einen leckeren Happen aus einem Futterbeutel.

Da es schon sehr spät war, machten wir uns auf den Rückweg zum Trainingsdorf. Dort wurde ein schöner Grillabend veranstaltet. Alle Erlebnisse wurden noch einmal erzählt. Jeder hatte die Möglichkeit, am Lagerfeuer über alles zu sprechen. Für die Erwachsenen war es schwierig, die richtigen Worte zu finden. Ich glaube, sie wollten nicht ehrlich zugeben, dass sie Angst hatten.

Nachdem alle erzählt hatten, ergriff Sofia noch einmal das Wort: „Für mich ist es wichtig, dass ihr die Angst verliert, die ihr in euren Leben erlernt habt. Angst ist eine sehr große Gefahr für uns alle. Wer Angst hat

- kann nicht klar denken,
- verliert die Kontrolle und
- macht Fehler.

Angst richtet viel Schaden an und ist meistens vollkommen unbegründet. Das heißt nicht, dass ihr euch in gefährlichen Situationen unvorsichtig verhalten sollt.

Vorsicht ist natürlich geboten. Von Natur aus, ist die Angst eine Schutzreaktion und das ist richtig so. Sie schützt uns also vor Gefahren.

Bei der Übung mit dem Falken gab es keinen Grund, Angst zu haben. Falken sind keine natürlichen Feinde der Menschen. Das Tier ist den Umgang mit Menschen gewöhnt und hat nicht die Absicht, Jemanden anzugreifen oder zu verletzen. Peter hatte keine Angst bis zu dem Zeitpunkt als seine Mutter ihm Angst machte. Eltern tun das oft, um ihre Kinder zu schützen. Manchmal eben auch, wenn keine echte Gefahr vorhanden ist. Kinder müssen ermutigt werden, immer wieder. Sie müssen ihre eigenen Fehler machen, auch wenn es schmerzlich ist.

Die Hängebrücke ist zwar eine wackelige Konstruktion, aber absolut sicher. Dazu hattet ihr die Bergsteigerausrüstung, den Helm und die Sicherung an dem Drahtseil. Selbst wenn jemand abrutschen würde, könnte er niemals herunterfallen. Im Kopf wusste das sicher jeder von euch. Aber die erlernte Angst steckt tief in uns. So ist das auch mit anderen Ängsten! Wir müssen wieder mutiger werden und das können wir gemeinsam lernen.

Ermutigt euch in Zukunft gegenseitig, wenn ihr merkt, dass euer Kind oder eure Eltern oder Geschwister oder Freunde Angst haben. Das kann auch Angst davor sein, etwas auszusprechen. Vielleicht Angst, nicht mehr geliebt zu werden! Oder Angst, Jemanden zu verlieren! Oder Angst, Gefühle zu zeigen! Wahre Liebe und Freundschaft verliert ihr nicht, weil ihr etwas aussprecht, was euch auf dem Herzen liegt.
Hat jemand von euch Lust einmal etwas zu sagen, was er sich bisher nicht traute?"

Es war ganz still geworden. Scheinbar überlegten alle, wovor sie Angst hatten. Plötzlich sprang eine Frau auf und ergriff das Wort. Ihre Aufregung war deutlich zu spüren. Sofia hatte sie offenbar ermutigt, etwas sehr Wichtiges zu sagen.

Deine Notizen

Hast du schon einmal im Team Aufgaben gelöst?

_____

_____

_____

_____

_____

Bist du schon einmal ermutigt worden?

_____

_____

_____

_____

_____

Hast du schon einmal Jemanden ermutigt?

_____

_____

_____

_____

Meine Mutter macht das Alles

Beschreiben kann ich die Frau nicht, da ich sie in dem Licht des Lagerfeuers nicht sehen konnte. Ich konnte aber ihre Anstrengung, bei dem was sie sagte, empfinden.

Voller Mut sprach sie: „Ich möchte etwas aus der Sicht einer Mutter von vier Söhnen sagen. Sicher bin ich nicht die einzige Mutter, die sich Gedanken darüber macht. Ich glaube, wir Mütter trauen uns oft nicht, alles auszusprechen und ertragen lieber geduldig unser Schicksal. Wir haben vielleicht Angst, die Liebe unserer Kinder zu verlieren.
Seit der Geburt der Kinder mache ich alles für sie und habe mich damit zum Sklaven gemacht. Ich kaufe ein, koche, spüle, wasche, bügele und mache tausend andere große und kleine Sachen. Ich helfe bei den Schulaufgaben und höre zu bei Liebeskummer. Ich bin die Freundin und die Spielgefährtin und die Krankenschwester.
Ich möchte als Mensch respektiert werden. Ich fühle mich wie eine Maschine.

Wie kann ich es anstellen, eine Anerkennung für meine Dienste zu erhalten? Ich will nicht mehr selbstverständlich Alles alleine tun. Ich möchte, dass wir ein Team sind und mehr Zeit füreinander und für schöne Dinge haben. Wenn wir die lästigen Hausarbeiten aufteilen, dann bleibt mehr gemeinsame Zeit übrig."

Eine andere Frau meldete sich zu Wort: „Mir geht es ähnlich. Ich bin auch noch halbtags berufstätig. Die Kinder sind dann bei der Oma und wenn ich sie abhole, würde ich gerne etwas Schönes gemeinsam mit ihnen tun. Aber wir müssen immer schnell nach Hause, weil noch so viele Dinge zu erledigen sind. Jedes Kind hat andere Interessen und ich muss jedes einzeln täglich zu einem Kurs oder zum Sport fahren. Mütter sind neben allem Anderen auch noch Taxifahrer."

Eins der Kinder sagte: „Bei uns ist das auch so und wir Kinder haben schon oft darüber gesprochen. Wir haben alle das Gefühl, dass Mutti das so haben will. Wenn wir mal etwas selbständig machen wollen, dann heißt es immer „Du kannst das noch nicht!". Deshalb machen wir es auch nicht!"

„Da ist ja ein spannendes Thema aufgekommen. Gut, dass Eltern und Kinder jetzt hier zusammen sitzen!" sagte Sofia. „Ich schlage euch vor, dass ihr euch noch vor dem Einschlafen darüber unterhaltet und das Problem löst.

Mein Vorschlag ist: Teilt euch alle Arbeiten auf und reserviert euch täglich freie Zeit füreinander. Macht einen gemeinsamen Wochen- oder Monatsplan darüber und haltet euch an eure Vereinbarungen. Das hört sich einfach an, braucht aber viel Zeit und Mühe. Schließlich muss sich jeder ein wenig verändern und ordentlicher oder sauberer werden. Ermutigt euch immer wieder gegenseitig und sprecht viel über die Veränderungen." Und zu den beiden Frauen sagte Sofia noch einmal ganz deutlich: „Die Liebe eurer Kinder könnt ihr nicht verlieren, weil ihr die Hausarbeiten nicht macht! Das ist eine unbegründete Angst! Erzieht eure Kinder zur Selbstständigkeit und Unabhängigkeit! Bitte schaut euch morgen mal die Pläne der Kinder von Nisida an. Da gibt es super schöne Beispiele für euch."

Sofia erläuterte, wie das Problem bei uns gelöst wurde:

„Die Kinder von Nisida haben irgendwann einmal die Angelegenheit selbst in die Hand genommen. Ein Kinderbetreuer hat alle anderen Betreuer auf die Idee gebracht. Gemeinsam haben sie die Kinder ermutigt, einen Plan zu erstellen, indem für ihre Familien genau festgelegt wurde wer, wann, was zu tun hatte. Sie brauchten nur noch die Freizeit, die sie mit ihren Eltern und Geschwistern hatten, richtig einzuplanen. Jedes Kind hat seinen „Familienplan" selbst gestaltet und bemalt. Jeder Plan war ein kleines Kunstwerk, das der Familie erklärt wurde. In dem Plan hatten auch Mütter und Väter freie Zeit für sich und ihre Interessen. Die Eltern staunten Bauklötze als die Kinder die Pläne vorstellten. Weil das Zusammenleben dadurch einfacher wurde, hat sich jeder dran gehalten. Je einfacher der Plan ist, desto erfolgreicher ist er! ... und das macht heute noch jedes Kind von Nisida!

Ihr habt noch viel zu reden! Ich gehe jetzt mit meiner Familie nach Hause und wünsche euch eine spannende Nacht im Trainingsdorf!"

Das war ein aufregender Tag für uns alle und wir waren total müde.

Ich freute mich richtig auf mein Rosenblatt im Engelgarten. Es war sehr warm Nachts und in den letzten Tagen schliefen Alex und Winny bei uns anderen Tieren im Garten. Als wir zu Hause ankamen, haben wir uns alle einfach nur abgelegt.

Plötzlich hörte ich laute Schreie um mich herum und die Erde dröhnte und wackelte wie verrückt. Alex und Winny bellten. Ich schaute unter meinem Rosenblatt hervor und „klatsch" machte es und ich war nass. Die Aufregung war sofort vorbei, als wir verstanden, dass die automatische Gießanlage angesprungen war. Wegen unserer Müdigkeit hatte keiner mehr an sie gedacht und nun waren wir alle klitschnass und hellwach.

Sofia war von dem Tumult wach geworden und rief Alex und Winny zu sich. „Lasst uns zum Feriendorf fahren und einen schönen Rundgang am Meer machen!" Die Hunde freuten sich aufs Tollen am und im Meer und rannten schon mal Richtung Ausgang. Ich hatte auch Lust zu einem Strandspazierritt und beeilte mich, hinter Alex Ohr zu fliegen.

Deine Notizen

Wie kannst du mehr Zeit mit deiner Familie verbringen?

_____

_____

_____

_____

_____

Was muss in deinem Familienplan berücksichtigt werden?

_____

_____

_____

_____

Wie viel freie Zeit möchtest du mit deiner Familie verbringen?

_____

_____

_____

Welche Arbeiten im Haushalt können von Kindern gemacht werden?

Leo und das Fußballspiel

Am Strand war es noch ruhig, bis auf einen kleinen Jungen, der dort übte, Bälle in ein selbst gebautes Tor zu kicken. Der Junge hieß LEO und lebt in Frankreich. Ein hübscher Junge mit blonden Haaren und einem unglaublich schönem Lächeln. Er strahlte Fröhlichkeit pur aus. Mir fiel auf, dass er sich etwas komisch bewegte und den rechten Arm und das rechte Bein nicht so benutzte, wie die anderen Kinder es taten.

Als er uns sah, stürmte er voller Freude zu den beiden Hunden. Er schien nicht die geringste Angst zu haben. Alex und Winny genossen seine Schmusereien sehr. Leo war echt klasse!

Auf Sofias Fragen erzählte er uns: „Ein Junge in unserer Schule hat von dem Feriendorf in Nisida erzählt. Mir hat das sehr gut gefallen und ich wollte auch einmal hier her. Wegen meiner Behinderung haben meine Eltern immer das Gefühl, mir helfen zu müssen. Mit der Reise will ich ihnen beweisen, dass ich selbstständig sein kann. Ich musste lange reden, um sie zu überzeugen. Nun hat es geklappt und ich darf drei Wochen, zusammen mit meinem älteren Bruder, hier sein.

Ich hatte schon als Baby einen Schlaganfall. Das gibt es nur ganz selten.

Dadurch kann ich meine rechte Seite nicht so gut bewegen. Aber ich spiele super Fußball. In meiner Schule bin ich in der Fußball AG und der Kapitän meiner Mannschaft. Heute Nachmittag gibt es ein Spiel zwischen den Kindern von Nisida und den Gästen. Ich möchte gerne mitspielen und trainiere schon mal ein bisschen."
Sofia wünschte Leo viel Glück und zeigte dabei auf mich. Sie versprach ihm, mit uns allen zu dem Spiel zu kommen und ihn anzufeuern. ... und ich, Felix Plampuddel, sollte sein Glücksbringer sein!

Am Nachmittag waren wir kurz vor Beginn des Spiels am Fußballplatz. Sofia wollte Leo noch etwas motivieren. Leo saß am Rand des Fußballfeldes und sah traurig aus. Die anderen Spieler machten sich warm und trainierten im Team. Der Trainer kam direkt zu uns und war sehr ärgerlich: „Ich habe alles versucht, aber die Mannschaft will Leo nicht mitspielen lassen. Einige Jungs wurden sogar richtig frech und sagten, sie wollten so einen Krüppel nicht in der Mannschaft haben. Aber sie sind unsere Gäste auf Nisida und ich möchte, dass sie einen fröhlichen Tag haben!"

Sofia fragte: „Was sagt denn die gegnerische Mannschaft dazu?" Der Trainer antwortete: „Die Kinder von Nisida haben das bis jetzt nicht mitbekommen!" Sofia und der Trainer besprachen etwas und danach ging sie zu Leo. „Sei nicht traurig! Setz' dich auf die Ersatzbank und wir werden abwarten wie das Spiel verläuft. Unsere Jungs sind sehr gut und aufeinander eingespielt, da wird deine Mannschaft in Schwierigkeiten kommen. Dann brauchen sie jeden Mann. Lass' den Kopf nicht hängen, sondern glaube an dich und dein Glück. Wir stehen alle auf dem Platz hinter dir und drücken fest die Daumen. Also los, geh auf die Ersatzbank. Der Trainer hat das mit der Mannschaft geklärt!" sagte sie und schickte ihn an seinen Platz.

Ich konnte das alles gar nicht verstehen. Wieso darf jemand etwas nicht tun, nur weil er äußerlich etwas anders ist als die anderen? Leo kann richtig gut Fußball spielen, das habe ich doch selbst gesehen. Er tat mir ehrlich leid und ich nahm mir vor, ihm gaaaanz viel Glück zu bringen.

Endlich wurde das Spiel angepfiffen und es ging spannend los. Nach wenigen Minuten hatte Nisida das erste Tor geschossen. Sie spielten klasse. Dann das nächste Tor, super gespielt. Die Mannschaft von Nisida hat es den Gästen vorgemacht, aber die waren nicht in der Lage, ein Tor zu schießen. Bis zur Halbzeit stand es 5:0 für Nisida. Die Jungs der Gästemannschaft waren in der Pause aggressiv und sauer, weil sie noch kein Tor geschossen hatten. Leo ging zu den Jungs und erklärte ihnen, was er gesehen hatte und was falsch gelaufen war. Er lächelte dabei, machte keine Schuldzuweisungen und blieb ganz freundlich. Die Mannschaft verstand plötzlich, dass er wusste wovon er sprach. Alle hörten aufmerksam zu. Leo suchte mich hinter Alex Ohr und sagte: „Danke Felix, jetzt mache ich noch einen Plan mit den Jungs und dann gehen wir gemeinsam aufs Feld. Du hast mir wirklich Glück gebracht."

In der nächsten Halbzeit war Leo mit auf dem Platz und schoss schon in den ersten 30 Minuten drei Tore. Die letzten 15 Minuten waren total spannend und es fielen drei weitere Tore für die Gäste.

Am Ende des Spieles stand es 6:5 für die Gäste und alle jubelten wie verrückt. Die Mannschaft von Nisida rannte gemeinsam zu Leo. Sie hoben ihn in die Luft und riefen seinen Namen und das obwohl er in der gegnerischen Mannschaft gespielt hatte.

Sofia ging mit dem Trainer zu den frechen Jungs und fragte: „Habt ihr heute etwas gelernt? Wenn ja, dann gibt es sicher etwas, das ihr unbedingt dem Leo sagen wollt!" Leo war sehr glücklich und kam gerade zu uns gelaufen. Die Jungs drückten ihn feste und entschuldigten sich bei Leo. Sie bedankten sich für die guten Ratschläge und seine tolle Leistung. Sofia wollte aber mehr hören: „Bitte sagt uns allen, was ihr heute gelernt habt!" Die Jungs zögerten erst, aber dann redeten sie drauf los: „Ich habe gelernt, dass Jeder eine Chance bekommen muss!"
„Behinderten Menschen traue ich zu wenig zu!"
„Ich habe zu viel auf Andere gehört, anstatt Leo gleich zuzuhören!"
„Wir haben zu sehr auf seine Behinderung geachtet. Wir hätten auf seinen Ehrgeiz achten müssen!"

„Es ist vollkommen egal, wie ein Mensch aussieht oder welche Behinderung er hat. Was er wirklich kann, das zählt!"

Sofia war damit zufrieden und wollte die Fröhlichkeit nicht weiter stören. Der Trainer sollte am nächsten Tag das Thema erneut ansprechen. Jetzt sollte noch ein schönes Fest stattfinden und Alex und Winny schielten schon in Richtung „Würstchen". So `ne Grillwurst muss was Tolles sein.

Deine Notizen

Was ist das Wichtigste im Fußballspiel?

_____

_____

_____

_____

_____

Wie beurteilst du behinderte Menschen?

_____

_____

_____

_____

Wie findest du das Team von Nisida?

_____

_____

_____

_____

_____

Magda schreibt Gedichte

Wie so oft saß Sofia mit einer Freundin an einem sehr schönen, goldenen Sommermorgen im Engelgarten. Sie frühstückten zusammen und erzählten sich Geschichten über Nisida und unser Dorf. Ich sitze dann auf meinem Lieblingsblatt und höre gespannt zu. Dabei lerne ich sehr viel über die Menschen und unsere Heimat. Die Beiden mögen Tiere sehr gerne, deshalb gibt es immer Tiergeschichten zu hören. An diesem Tag sollte noch etwas Besonderes geschehen.

Sofia kündigte ihrer Freundin an: „Heute kommt eine Gruppe Lehrerinnen vom Festland. Sie wollen unsere Kreativschule besuchen. Auf dem Festland gibt es so etwas nicht für Kinder und sie planen für ihre Schule ein solches Projekt. Ich habe organisiert, dass einige Kinder anschließend im Zirkuszelt ihre Lieder, Gedichte und andere Kunstwerke vorstellen. Die Lehrerinnen sollen gleich praktische Beispiele für die ungebremste Kreativität der Kinder bekommen. Vielleicht reicht die Zeit für eine kleine Zirkusvorstellung. Das wird sicher eine aufregende Sache."

Später holten wir die Lehrerinnen von der Fähre ab. Die hatten nicht mit Alex und Winny gerechnet und waren ganz schön erschrocken, als sie die beiden großen Hunde im hinteren Teil unseres Busses sahen. Sofia stellte uns vor. Alex und Winny gaben brav die Pfote, während ich nur fröhlich betrachtet wurde.

Wir fuhren zur Kreativschule und besichtigten jeden Raum. Manche Räume sind groß genug für einen Chor oder ein Orchester. Das Haus hat ein eigenes Tonstudio. Dann gibt es Kunsträume mit großen Fenstern, die Künstler mit viel Licht versorgen. Im unteren Teil der Schule sind die Tanz- und Balletträume mit großen Spiegeln.

Gut, dass ich nur sitzen muss. Den Lehrerinnen und allen Anderen taten die Füße weh vom langen Laufen. Sie setzten sich nach der Führung ins Café und bekamen dort vom Buchhalter einen Vortrag über die Kosten eines solchen Projektes.

Sofia nutzte die Zeit, um mit Alex und Winny und natürlich mit mir, einen kleinen Spaziergang zu machen.

Auf dem Hof der Schule war ein großes Geschrei und wir wurden neugierig, was da passiert war.

Ein Mädchen mit dunkler Haut stand mitten in einer Gruppe von Kindern und schrie alle an. Sie schien sehr zornig zu sein und wollte sich nicht beruhigen: „Wer war das? Warum werden meine Sachen angefasst und darin gestöbert?" Dabei hielt sie ein Buch in die Höhe und zeigte immer wieder darauf und auf ihren Rucksack.
Sofia fragte: „Erzähl uns mal was passiert ist! Aber nur was passiert ist, nicht was du gedacht oder gefühlt hast."
Das Mädchen begann sich zu beruhigen und erzählte: „Ich bin MAGDA. Meine Eltern sind aus Südafrika. Seit zwei Wochen bin ich im Feriendorf. Ein Betreuer hat gesagt ich hätte viel Talent zum Gedichte schreiben. Deshalb hat er mich in der Kreativschule angemeldet. Hier lerne ich seit einer Woche alles über Gedichte und habe schon viele selbst geschrieben. Nach dem Unterricht habe ich noch mit einer Lehrerin gesprochen. Aus Versehen habe ich meinen Rucksack auf dem Schulhof liegen lassen. Darin sind alle meine Gedichte und mein Tagebuch.

Als ich meinen Rucksack holen wollte, standen all die Kinder um ihn herum. Ein Junge hatte mein Tagebuch in der Hand und hat daraus vorgelesen. Die Kinder haben darüber gelacht und gespottet. Mit meinen Gedichten war es das Gleiche!"

Sofia schaute streng in die Runde der Kinder auf dem Schulhof und fragte: „Stimmt die Geschichte von Magda?" Die Kinder schauten betroffen auf den Boden. Ich glaube, am liebsten wären alle in ein Loch verschwunden.

Nun bat Sofia Magda: „Sag' bitte mal allen Kindern genau, was du gefühlt hast!" Das war schwer für Magda, aber sie fasste allen Mut zusammen: „Ich hab mich verraten gefühlt! Ich bin unfair behandelt worden! Meine tiefsten Gedanken und Gefühle sind ohne meine Zustimmung allen Kindern erzählt worden. Meine Geheimnisse stehen in meinem Tagebuch und das ganze Feriendorf kennt sie jetzt. ... und ich finde es respektlos, meine privaten Sachen anzufassen. Das geht niemanden etwas an. ... und ich fühle mich ausgelacht! Das ist alles ganz schrecklich für mich, weil ich zu Hause in Deutschland in der Schule auch nicht respektiert werde.

Die Kinder lachen dort über mich, weil ich eine andere Hautfarbe habe!" Jetzt erst begann sie, richtig zu schluchzen. „Wie fühlt ihr euch jetzt?" fragte Sofia die Kinder. Das Schweigen war fast unerträglich. Anika kam näher und sagte: „Ich wohne mit Magda in einer Hütte und wir sind Freundinnen geworden. Ich möchte, dass das so bleibt. Wir sollten alle auf Nisida schwören, dass niemand etwas von Magdas Gedichten oder Tagebucheinträgen weitererzählt. Das wird unser gemeinsames Geheimnis!" Und zu Magda sagte sie: „Deine Gedichte sind wunderschön und ich verspreche dir, dich und dein Eigentum immer zu respektieren. Mir ist deine Hautfarbe vollkommen egal. Du bist meine Freundin." Dann nahm sie Magda in die Arme und die beiden Freundinnen drückten sich herzlich. Magda sagte: „Ich möchte, dass alle schwören und dass wir damit ein gemeinsames Geheimnis haben!" Alle Kinder gingen nun zu Magda und entschuldigten sich bei ihr und schworen auf Nisida, niemals ein Wort über Magdas Gedichte oder Tagebucheintragungen zu sagen. Alles sollte ein großes Geheimnis bleiben.

Sofia war einen Moment sprachlos, dann sagte sie: „Es ist super, wie ihr dieses Problem gelöst habt. Jetzt fühlen sich Alle gut und ihr versteht einander besser. Ich bin sehr stolz auf euch.

Und nun lade ich euch zu einem Zirkusnachmittag ins Zirkuszelt ein. Das wird garantiert lustig und die Vorstellung ist sowieso einzigartig.

Magda, wenn du es möchtest, kannst du dort eines deiner Gedichte vortragen. Oder vielleicht schnell ein neues schreiben? Die Kinder im Zirkuszelt können dir bestimmt ein schönes Kostüm basteln. Sachen gibt es dort genug. Denk' mal drüber nach!"

Es ist schon eigenartig, dass Menschen andere Menschen nach ihrer Hautfarbe oder anderen Äußerlichkeiten bewerten.

Der australische Marienkäfer ist ganz schwarz und hat einen orange gefärbten Kopf. Deshalb bringt er doch nicht weniger Glück als ich. Er verhält sich auch nicht anders, er sieht nur anders aus. Er verdient den gleichen Respekt wie ich!

Als wir mit den Lehrerinnen zum Zirkuszelt kamen, war bereits alles für eine Vorstellung vorbereitet. Das Programm war mit bunter Kreide auf eine große Tafel geschrieben worden. Magda hatte sich entschieden etwas vorzutragen und stand auf dem Programm. Die Mädchen vom Zirkus hatten sie in leuchtend bunte Tücher gekleidet und in Ihre Zöpfe bunte Fäden eingeflochten. Sie war wunderschön. Ganz stolz trug sie zwei neue Gedichte zum Thema Freundschaft und Respekt vor. Sie fand sehr schöne Worte dafür und bekam einen riesigen Applaus. Am Ende ihres Auftritts sagte sie zu Allen: „Beim Schreiben dieser beiden Gedichte hatte ich eine Idee. Wir sollten uns in Gruppen zusammensetzen und Gedichte oder Geschichten schreiben und Bilder malen. Wir könnten auch Lieder schreiben und singen. Alle unsere Kunstwerke können wir verkaufen und mit dem Geld anderen Kindern helfen. Was meint ihr dazu?" Es begann eine Diskussion, bei der herauskam, dass viele Kinder tolle Sachen können. Sie erfanden einen Namen für die Aktion:

„Kreative Kinder helfen Kindern"

Für den nächsten Tag wurde eine Besprechung mit den Betreuern des Feriendorfes festgelegt. Die Nachricht wurde noch am gleichen Abend auf ganz Nisida verbreitet. Alle Kinder wollten mitmachen. Viele hatten Ideen, welchem „Guten Zweck" sie die Einnahmen aus ihren Verkäufen spenden wollten.

Lustig war der Auftritt von Leo, der einige Kunststücke mit Han und Lea, den Häschen aus unserem Haus, eingeübt hatte. Wir hatten alle einen riesigen Spaß und einen sehr schönen Nachmittag.

Am Ende dieses Tages waren alle zufrieden und fröhlich. Den Lehrerinnen hat die Kreativschule sehr gut gefallen und sie sind fest entschlossen, ein solches Projekt in ihrer Schule durch-zusetzen. Als wir sie zur Fähre brachten, versprachen sie, alles dafür zu tun.

An diesem Tag ist eine wunderbare Idee entstanden. Den meisten Kindern geht es ja sehr gut und sie haben keine großen Sorgen. Trotzdem gibt es in jedem Land Kinder, die

- in Heimen leben müssen, weil sie keine Familie haben.
- in Krankenhäusern sind, weil sie sehr krank sind.
- in sehr armen Familien leben und deshalb von fremden Menschen betreut werden müssen.
- einen schweren Schicksalsschlag erlitten haben und dringend Hilfe und Freunde brauchen.

Ich bin sicher, du kennst ein solches Kind oder weißt. wo solche Kinder sind.

Wäre es nicht schön, wenn du mit deinen Ideen helfen könntest?

Deine Notizen

Was gefällt dir an der Geschichte?

_____

_____

_____

_____

_____

_____

Was vermisst du in der Geschichte?

_____

_____

_____

_____

Wie gehst du mit andersartigen Menschen um?

_____

_____

_____

_____

_____

_____

Hat schon einmal Jemand in deinen Sachen gewühlt?

_____

_____

_____

_____

_____

Wie hast du dich gefühlt als du es bemerkt hast?

_____

_____

_____

_____

Kennst du Kinder, die Hilfe brauchen?

_____

_____

_____

_____

_____

Leo wird Bauklötze staunen

Am Abend kam Leo zu unserem Haus, um Han und Lea zurück zu bringen. Er ist wirklich ein sehr fröhlicher Junge. Mit vielen Worten beschrieb er uns wie er Han und Lea trainierte, die Kunststücke zu machen. Ich glaube, das Wichtigste waren die Möhren. Ohne Möhren geht nämlich gar nichts bei den Beiden.

Bevor Leo zurück in das Feriendorf gebracht wurde sagte er: „Das Beste an allen Tieren ist, dass sie uns so lieben wie wir sind. Dein Tier hat dich immer lieb, ob du gesund oder krank, fröhlich oder traurig, dünn oder dick, schön oder hässlich, jung oder alt, schwarz oder weiß bist. Interessant finde ich, dass Tiere auch die Menschen lieben, die sie quälen. Sie kennen eben keine Bedingungen. Von den Tieren können wir viel lernen!"

Sofia sagte: „Neben der bedingungslosen Liebe können wir von den Tieren lernen, Menschen nicht zu verurteilen, sondern nur zu beobachten. Wir haben alle unsere Eigenarten und machen Fehler. Wenn du beobachtest, dass etwas für dich nicht gut riecht, schmeckt oder sich anfühlt, dann geh' weiter und schau dich nicht mehr danach um.

So lässt du nur die Menschen in deine Nähe, die du magst und die genauso denken und fühlen wie du. Das ist deine Herzensfamilie. Du kannst sie dir selbst aussuchen. Es ist immer unsere eigene Entscheidung, mit wem wir uns umgeben!"

Jetzt war es wirklich Zeit für uns alle, ins Bett zu gehen. Sofia brachte Leo in das Feriendorf. Als sie zurückkam begann ein ordentliches Sommergewitter mit Platzregen und Blitz und Donner.
Han und Lea waren noch im Haus. Da es so stürmte ließ Sofia die beiden Hasen im Wintergarten übernachten. Sie bekamen einen Platz aus alten Decken. Alex und Winny verkrochen sich auf ihr altes Sofa und ich verzog mich auf einen Holzbalken an der Decke.

Nachts quietschte es merkwürdig im Wintergarten und wir wurden alle davon wach. Die Hunde standen im Wintergarten und wedelten wie verrückt mit dem Schwanz. Sofia kam ganz verschlafen aus ihrem Bett und staunte über den schönen Anblick. Han und Lea waren stolze Eltern geworden.

100

Lea war nun Mutti von elf Hasenbabys. Da wird Leo aber Bauklötze staunen. Sofia lachte und sagte: „Jetzt ist Leo Kapitän einer neuen Fußballmannschaft!" Nach diesem Ereignis konnten wir alle noch besser einschlafen

... und morgen scheint sowieso wieder die Sonne und es gibt viel zu erzählen ...

Bis bald
euer

Felix Plampuddel

Nachwort

Die Geschichten von Felix Plampuddel sollen dich ermutigen, eigene Geschichten zu erfinden oder wirklich Erlebtes aufzuschreiben. Die Welt ist neugierig auf deine Erzählungen, denn jedes Kind hat etwas Wichtiges zu sagen. Jedes Kind kann Geschichten erzählen, Gedichte schreiben und singen. Sprich mit deinen Freunden und Klassenkameraden und macht ein schönes Projekt daraus. Jeder kann etwas dazu beitragen und am Ende gibt es eine schöne Geschichte mit Bildern und vielleicht einem Lied. Möglicherweise erfindet ihr ein Theaterstück und führt es in eurer Schule auf. Seid einfach kreativ!

Wie das alles geht und welche Voraussetzungen die Geschichte erfüllen muss, erfährst du auf meiner Internetseite

<u>http://www.felixplampuddel.com</u>

Bitte deine Eltern, Lehrer oder Geschwister um Unterstützung. Sie helfen dir sicher gerne.

Sicher kennst du ein Kind, das dringend Hilfe braucht. Vielleicht eine ganze Familie!
Mit deinem Kunstwerk, wirst du ein wichtiger Teil des Projektes

"Kreative Kinder helfen Kindern"

Du kannst viel Gutes tun und anderen Kindern zu einem schöneren Leben verhelfen.

Bis bald
dein Felix und Familie

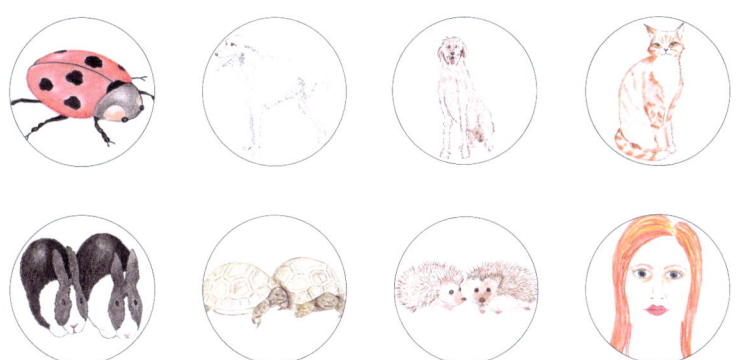

Teilnahmebedingungen

Teilnahme an der Verlosung

Du darfst höchstens 17 Jahre alt sein <u>und</u> musst das Aktionsbuch „Felix Plampuddel erzählt" besitzen.

Gehe im Internet auf die Seite http://felixprojekt.jimdo.com. Dort gibst du auf der Unterseite „Verlosung"
1. **eine Emailadresse (wird nur für die Gewinnbenachrichtigung benötigt),**
2. **die Rechnungsnummer oder die Nummer des Kassenbons für den Kauf des Aktionsbuches**
3. **und dein Geburtsdatum ein.**

Mit diesen Daten nimmst du an der Verlosung teil und erhältst automatisch eine Gewinnbenachrichtigung an deine Emailadresse.

Jeder Gewinner muss die Rechnung oder den Kassenbon **im Original** vorlegen, deshalb ist es wichtig, dass du sie/ihn sicher aufbewahrst. Klebe sie/ihn in einem Briefumschlag in dein Aktionsbuch!

Auf der Seite „Verlosung" findest du den Einsendeschluss für die aktuelle Verlosung. Außerdem werden dort zusätzlich alle Gewinner mitgeteilt.

Die Gewinner werden von Kindern unter Aufsicht eines Notars gezogen. Die Gewinnerliste wird von dem Notar beglaubigt.

Teilnahme am Wettbewerb

Du darfst höchstens 17 Jahre alt sein <u>und</u> musst das Aktionsbuch „Felix Plampuddel erzählt" besitzen.

Gehe im Internet auf die Seite <u>http://www.felixplampuddel.com</u>. Dort klickst du auf der Unterseite „Projekte" in **Anmeldung** und füllst das Formular aus. Danach erhältst du eine Email mit deiner User-ID und deinem Passwort. Bitte drucke die Email aus und bewahre sie an einem sicheren Ort (im Umschlag in deinem Aktionsbuch) auf. Du wirst die Daten immer wieder benötigen.
Auf der Unterseite „Projekte" klickst du bitte auf **Bewerbung** und gibst deine User-ID und dein Passwort an. Danach beantwortest du die Fragen und beschreibst dein Kunstwerk und Projekt. Natürlich können viele Kinder gemeinsam ein Projekt machen. Sie müssen nur alle das Aktionsbuch besitzen.

Dein Kunstwerk muss als Text, Bild, Video oder Lied per Email oder Download übertragbar sein. Schreibe uns eine Email, wir helfen dir gerne. Wenn du etwas bastelst oder etwas Großes herstellst, dann sende uns möglichst viele Fotos davon.

Lass dir ruhig von Erwachsenen helfen! Es ist wichtig, dass die Idee von dir stammt und du das Meiste alleine oder mit deiner Gruppe gemacht hast.

Die 20 kreativsten Künstler dürfen gemeinsam einen Fantasy-Roman schreiben, gestalten und ein Lied dazu komponieren und aufnehmen.

Die schönsten Kunstwerke werden in einem Bildband, auf CD und in unserer Online-Zeitung sowie auf unserer facebook-Seite veröffentlicht.

Wir wünschen Dir viel Spaß und Glück!!!

Die zweisprachigen Ausgaben der Geschichten von Felix
sind 2009 im Verlag
Books on Demand GmbH erschienen:

deutsch/griechische Ausgabe:
Felix Plampuddel erzählt
Ο Φέλιξ Πλάμπουδδελ διηγείται
ISBN-13 : 9783837098082

englisch/griechische Ausgabe:
Felix Plampuddel's tales
Ο Φέλιξ Πλάμπουδδελ διηγείται
ISBN-13 : 9783837098174

deutsch/englische Ausgabe:
Felix Plampuddel erzählt
Felix Plampuddel's tales
ISBN-13 : 9783837097344

Weitere zweisprachige Ausgaben sind in Vorbereitung. Informiert Euch auf der Internetseite http://www.felixplampuddel.com

Zweisprachige Bücher sind eine pädagogisch wertvolle Unterstützung für Kinder und Erwachsene, die zweisprachig aufwachsen/leben.
Für alle Menschen, die eine zweite Sprache lernen oder vertiefen wollen und die Grundkenntnisse bereits erlernt haben, sind zweisprachige Bücher eine wertvolle Hilfe. Das lästige Nachschlagen von Vokabeln entfällt. Sie lernen in ganzen Sätzen und können die Sprache erforschen, in dem Sie die Sätze miteinander vergleichen! Das ist überall möglich, auch im Urlaub am Strand! Die Geschichten von Felix sind aktuell aus dem Leben und ermöglichen es Ihnen, einen besonderen Wortschatz zu bekommen.

Hier ist Platz für deine Notizen:

Klebe einen Umschlag auf die letzte Seite →
Darin ist Platz für die Originalrechnung oder den Kassenbon und
natürlich für den Zettel mit deiner UserID und deinem Password!

Hier ist noch mehr Platz für deine Notizen: